VENTE

Des 13, 14 et 15 Juin 1906

HOTEL DROUOT. SALLE N° 2

Et du 16 Juin 1906

SALLE N° 3

A 2 HEURES 1/4

EXPOSITION PUBLIQUE

Le 12 Juin 1906

SALLE N° 2

De 2 heures à 6 heures

VENTE APRÈS DÉCÈS

DE Mme X***

En vertu d'Ordonnance enregistrée

Me Lucien **DESCHAMPS**,

COMMISSAIRE-PRISEUR

52, BOULEVARD MALESHERBES

Pour les Armes,

M. Gaston **COURTOIS**, *Expert,*

44, RUE POUSSIN

Chez lesquels se trouve le présent Catalogue.

IMPRIMERIE MAULDE ᴇᴛ RENOU

—

MAULDE, DOUMENC & Cⁱᵉ

IMPRIMEURS DE LA COMPAGNIE DES COMMISSAIRES-PRISEURS

Rue de Rivoli, 144. — Paris

VENTE AUX ENCHÈRES PUBLIQUES

Après le Décès de Mme X***

En vertu d'ordonnance enregistrée

DE

BEAUX BIJOUX

Enrichis de Brillants, Perles, Roses, Saphirs, Turquoises, Opales, Grenats, etc.

Boucles d'Oreilles, Broches, Bagues, Bracelets, Parures, Barrettes, Épingles, Montres

ARGENTERIE

Plats, Assiettes, Coupes, Timbales, Théière, Tasses, Soucoupes, Cafetière,
Sucriers, Petits Verres, Nombreux Services, Plateaux, etc.

OBJETS D'ART & DE VITRINE

TRÈS BEAU MARBRE DE HOUDON — BRONZE DE BARBEDIENNE

Nombreux Sujets en marbre, Bronze et Terre Cuite

PORCELAINES DE SÈVRES, DE SAXE, DE CHINE — FAÏENCES DE DELFT

RICHES ÉVENTAILS

*Bonbonnières, Coffrets, Boîtes à Poudre, Coupes
Vases, Jardinières.
Assiettes décoratives, Miniatures, Émaux, Broderies, Dentelles*

IMPORTANTE SUITE DE TABLEAUX

Panneaux, Fusains, Aquarelles, Dessins, Études

TRÈS BEAU COFFRE EN CHÊNE SCULPTÉ

PIANO DE PLEYEL

Bons Meubles de Salon, Salle à manger, Chambres à coucher

BUREAU & BIBLIOTHÈQUE EN CHÊNE SCULPTÉ

Consoles, Chiffonnier, Guéridons, Vitrines, Tables, Écrans, Paravent, Secrétaires,
Bergère, Fauteuils, Chaises et Sièges de tous styles

JOLIS MEUBLES SCULPTÉS — MARQUETERIE

COFFRE-FORT

Garnitures de Cheminée et de Foyer — Instruments de Chirurgie

LIVRES — MUSIQUE

RIDEAUX, TAPIS, TENTURES, PORTIÈRES, COUSSINS

Linge de Maison, Vaisselle,
Verrerie, Vins, Ustensiles de Cuisine et Objets divers

BELLE COLLECTION D'ARMES

DÉTAILLÉE AU PRÉSENT CATALOGUE

CONDITIONS DE LA VENTE

Elle sera faite **au comptant**.

Les Adjudicataires paieront **dix pour cent** en sus des enchères.

L'Exposition mettant le public à même de se rendre compte de l'état et de la nature des objets, il ne sera admis aucune réclamation une fois **l'adjudication prononcée**.

En général, **les dates marquées** à la suite des Objets catalogués sont données à titre de simple indication de style et non comme garantie d'époque de fabrication.

L'expert se réserve la faculté de rassembler ou de diviser les lots.

ORDRE DES VACATIONS

SALLE N° 2

13 Juin : *Collection d'armes, Instruments de chirurgie.*

14 Juin : *Bijoux, Argenterie, Tableaux, Livres, Partie des Objets d'art et de vitrine.*

15 Juin : *Fin des Objets d'art et de vitrine. — Bronzes, Marbres, Suspension, Lustres, Torchères, Piano. Partie des Meubles.*

SALLE N° 3

16 Juin : *Fin des Meubles. — Rideaux, Tapis, Tentures, Linge, Vaisselle, Verrerie, Coffre-fort, Objets divers et Vins.*

MAULDE, DOUMENC et Cᶦᵉ, imprimeurs de la Cᶦᵉ des Commissaires-Priseurs
rue de Rivoli, 144   700—34163

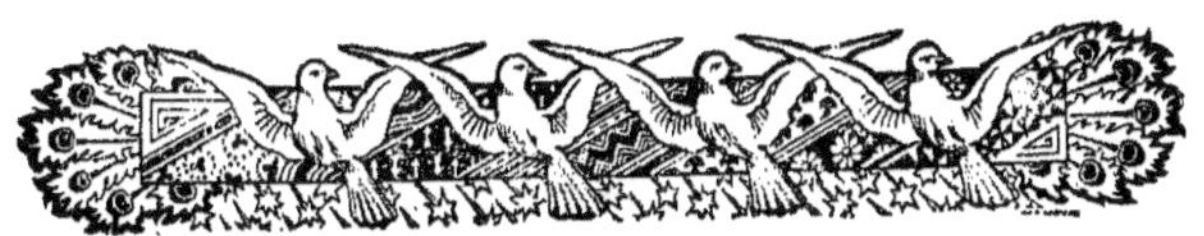

CATALOGUE

COLLECTION D'ARMES

ARCS, FLÈCHES, CARQUOIS
MASSUES

1 — Lot important de Flèches, Arcs, Carquois, Casse-tête, Poignards, Lances, Armes diverses et Objets exotiques (sera divisé).

2 — Treize Flèches (Perse).

3 — Onze Flèches (Perse).

4 — Neuf Flèches, à usage de cadeaux (Japon).

5 — Arc et Carquois avec Flèches (Perse).

6 — Casse-tête Malais.

7 — Six Casse-tête (néo-Calédonien).

8 — Casse-tête des Indiens des Amazones.

9 — Casse-tête en bois de fer (Iles Fidji).

CASQUES

10 — Grand Bassinet (xiv° siècle).

11 — Casque de champ clos (xv° siècle).

12 — Capeline (xvi° siècle).

13 — Deux Armets (xvi° siècle).

14 — Casque de Lansquenet (xvi° sièle).

15 — Casque Officier de cuirassiers (1840).

16 — Deux Casques de cuirassier (1870).

17 — Casque essai, France.

18 — Deux Casques circassiens.

19 — Casque de Chevau-léger (Italie).

20 — Casque de Soldat du Pape.

21 — Casque de Préfet japonais.

22 — Casques non catalogués.

POIGNARDS, COUTEAUX, DAGUES

23 — Deux Flissahs kabyles.

24 — Six Criss malais.

25 — Deux Poignards de Sumatra.

26 — Poignard des nègres du Sénégal.

27 — Trois Poignards (Perse).

28 — Poignard indien.

29 — Deux Kouttars.

30 — Deux Poignards touaregs.

31 — Poignard algérien.

32 — Poignard chinois.

33 — Deux Poignards japonais.

34 — Poignard mongol.

35 — Quatre Poignards circassiens.

36 — Poignard grec.

37 — Neuf Poignards et Dagues (xvie et xviie siècles).

38 — Dix Poignards, Stylets, Dagues.

39 — Couteau représentant une jambe de femme, nacre et argent, gaine en galuchat vert (xviiie siècle).

40 — Quatre Couteaux catalans et autres.

41 — Poignards, Couteaux et Dagues non catalogués.

LANCES, HACHES

42 — Deux Épieux arabes usités pour la chasse aux sangliers.

43 — Lance Malaise.

44 — Quatre Lances Japonaises.

45 — Coupe-jarret (Chine).

46 — Hache en jade (Néo-Calédonie).

47 — Hache d'exécution (Allemagne) (xvie siècle).

48 — Hache de parade de mineur (Saxe) (xviie siècle).

49 — Hache d'exécution.

50 — Hache d'armes pour la chasse aux tigres.

51 — Hache de maître.

52 — Lances, Haches, Hallebardes non cataloguées.

53 — Kouka pour piquer l'éléphant et l'exciter pour la chasse aux tigres.

54 — Trident à crocs et à pointes, en usage dans la police Chinoise.

ARMES A FEU PORTATIVES

55 — Fusil indien, batterie à silex.

56 — Trois Fusils serbes.

57 — Fusil Arnaute.

58 — Trois pièces, Fusils et Pistolet (Chine).

59 — Trois Fusils arabes.

60 — Fusil de l'infanterie d'Abd-el-Kader.

61 — Deux Fusils marocains,

62 — Paire de pistolets batterie silex.

63 — Deux Pistolets tromblons arabes.

64 — Pistolet batterie silex, calotte cuivre.

65 — Pistolets divers systèmes.

66 — Paire de Pistolets à rouet (Allemagne) (xvie siècle).

Crosse forme boule ornée, ainsi que le bois, de de nombreux dessins en incrustations d'os.

67 — Arquebuse de chasse, à rouet (xviie siècle).

Le bois en noyer ronceux est couvert d'ornements finement sculptés, batterie gravée à personnages marquée : FRANK RINSPACHER MUNCHEN, canon daté 1672-1664.

68 — Fusil de chasse, batterie silex (xviie siècle).

Forme arquebuse, batterie ciselée, armoiries de la maison « LA FERTÉ-SENNETERRE » ; la détente représente un bas de jambe.

69 — Pistolet à rouet, italien (xvie siècle).

Bois noir, garnitures en fer poli.

70 — Fusil de chasse, de dame (xviiie siècle).

71 — Fusil de chasse à deux coups, système LEPAGE-MOUTIER.

72 — Carabine rayée, système A. MULLER, de Mutzig.

73 — Remington dit papal.

74 — Mousqueton de cavalerie REMINGTON.

75 — Fusil de chasse à deux coups, à piston.

76 — Chassepot d'honneur (1870).

Sur le canon on lit : 9e Cie des Francs-Tireurs de Paris au citoyen ÉTIENNE ARAGO (4 septembre 1870).

77 — Chassepot.

78 — Fusils non catalogués.

79 — Deux paires de Pistolets, crosse turque.

80 — Revolver, système DEVISME.

81 — Revolver, système LEFAUCHEUX.

82 — Revolver, système LEPAGE-MOUTIER.

83 — Six Revolvers divers, dont quatre de poche.

84 — Armes à feu non cataloguées.

ARMES BLANCHES

85 — Épée indienne.

85 — Épée portée par les chevaliers de Calatrava (Espagne).

87 — Épée d'escrime d'étudiant allemand.

88 — Deux Épées de combat.

89 — Deux Croisettes (xiiie siècle).

90 — Deux Rapières (xvie siècle).

91 — Deux Rapières espagnoles, coquille forme tulipe (xvie siècle).

92 — Trois Rapières à corbeille (xvie siècle).

93 — Deux Épées (xvie siècle).

94 — Sabre d'exécuteur allemand.

95 — Schiavona (xviie siècle).

96 — Six Claymores.

97 — Rapière espagnole à coquille ajourée (xviie siècle).

98 — Épée wallonne (xviie siècle).

99 — Épée des officiers de la Maison de l'Impératrice Marie-Thérèse d'Autriche (xviiie siècle).

100 — Quatre Épées de cour (xviiie siècle).

101 — Épée de luxe (Révolution).

102 — Épée dite uniforme (Empire).

103 — Épée d'officier d'état-major (Empire).

104 — Épée d'officier suisse de la garde du pape.

105 — Huit Espontons.

106 — Sabre de Théodoros.

107 — Deux Sabres (Perse).

108 — Sabre de la Nouvelle-Zélande.

    La lame est formée avec le nez du poisson appelé la « scie ».

109 — Sabre de Timour-Leng (Tartare).

110 — Deux Sabres coupe-tête (Chine).

111 — Armes exotiques non cataloguées.

112 — Neuf Sabres japonais.

113 — Sabre d'exécution japonais.

114 — Deux Sabres à double lame, dits : Sabres des braves (Chine).

115 — Trois Sabres cambodgiens.

116 — Sabre touareg.

117 — Trois Sabres marocains.

118 — Quatre Yatagans arabes.

119 — Cinq Cimeterres.

120 — Deux Yatagans turcs.

121 — Armes blanches non cataloguées.

122 — Sabre de Cuirassier allemand (xviiie siècle).

123 — Glaive des Élèves de l'École de Mars (Révolution).

124 — Sabre d'Officier supérieur de cavalerie légère (Révolution).

125 — Sabre de Garde d'honneur (Empire).

126 — Sabre de Colonel d'état-major, aide-de-camp (1820).

127 — Deux Sabres de grosse cavalerie (Empire).

128 — Sabre de Cuirassier bavarois (Empire).

129 — Sabre de général anglais, armée des Indes.

130 — Sabre d'exécution des Francs-Juges (Tribunaux francs qui existaient en Allemagne et en Westphalie, où ils avaient été créés).

ÉQUIPEMENT & HARNACHEMENT

Ornements divers.

131 — Agrafe d'épée (xviiie siècle).

132 — Deux Poires à poudre.

133 —- Poire à poudre os, ornée de nombreux personnages gravés.

134 — Amorçoir persan.

135 — Vingt-six gardes de Sabres japonais.

136 — Plusieurs Ornements de gardes de Sabres japonais.

137 — Quatre Soleils de Cuirasses de carabiniers.

138 — Giberne et Banderole de Chevalier-Garde
russe.

139 — Deux Colletins (xviie siècle).

140 — Paire de Gantelets.

141 — Deux Brassards circassiens.

142 — Paire d'Éperons arabes.

143 — Cuirasse de cuirassier (France).

144 — Plusieurs Boucliers.

145 — Trousse de cavalier persan, composée de: hache,
masse d'armes, marteau à pic.

146 — Rame malaise.

147 — Instrument dont on se sert dans le harem pour se gratter le dos.

148 — Fétiche de la Polynésie.

149 — Plusieurs Coiffures, Sénégal, Kabylie et autres.

150 — Deux Gibernes circassiennes.

151 — Deux paires de Chaussures orientales.

152 — Deux Œufs d'autruche placés dans des cornes de gazelle.

153 — Deux Tableaux à prières, chinois.

154 — Nécessaire chinois pour manger le riz.

155 — Petit Canon bronze.

156 — Cotte de mailles.

157 — Pièces d'équipement, harnachement et Ornements divers non catalogués.

158 — Instruments de chirurgie spéciaux pour la gynécologie : sondes, forceps, spéculum, ventouses avec scarificateur, seringue Pravaz, etc.

159 — Sous ce numéro seront vendus les Objets omis au présent Catalogue.